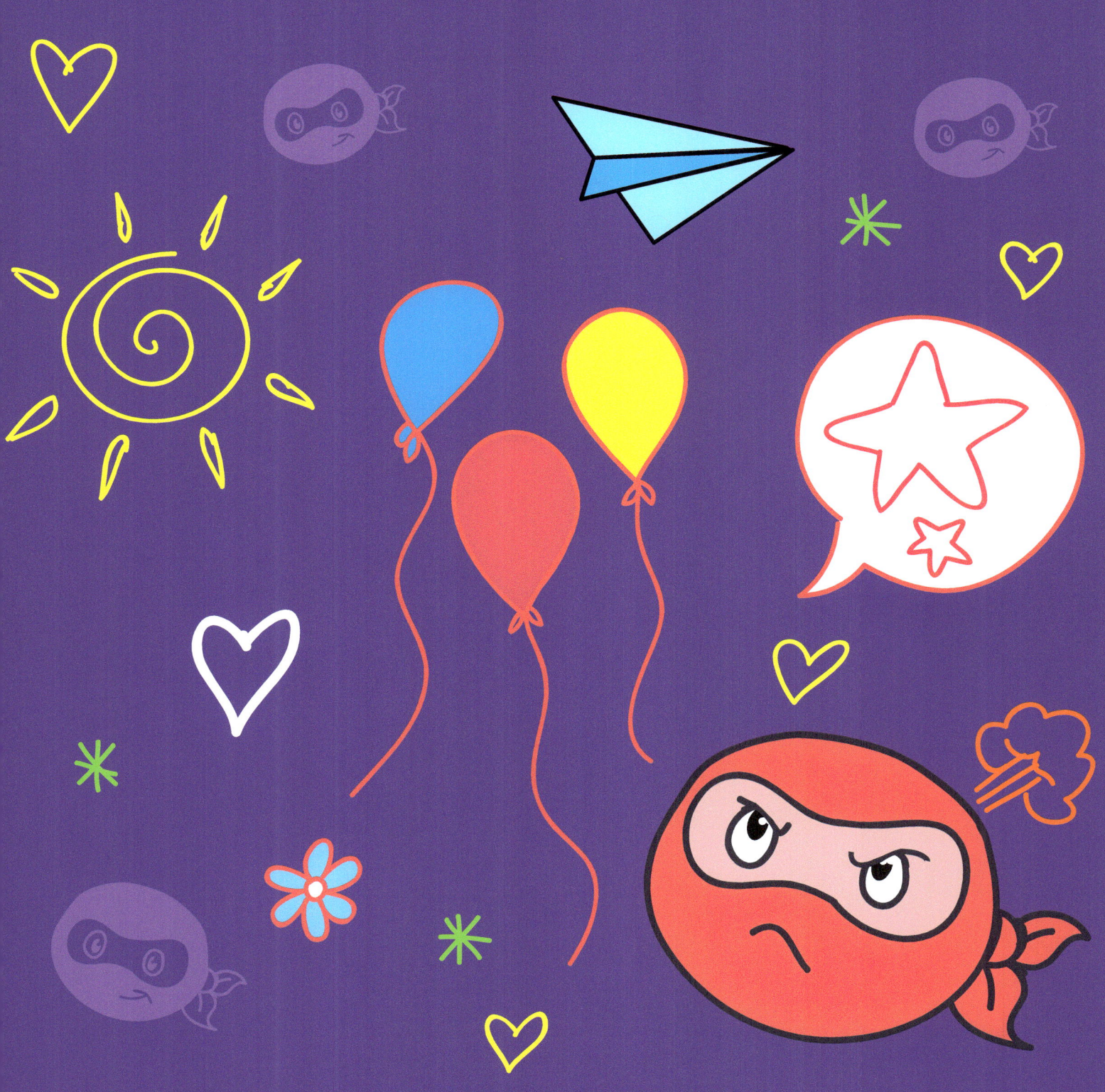

Ninja Life Hacks™

Este libro está dedicado a mis hijos - Mikey, Kobe y Jojo.

Copyright © 2022 Grow Grit Press LLC. Todos los derechos reservados. Ninguna parte de este libro puede ser reproducida en ninguna forma sin el permiso por escrito de la editorial. Por favor, envíe solicitudes de pedido al por mayor a growgritpress@gmail.com Impreso y encuadernado en los Estados Unidos. NinjaLifeHacks.tv Tapa blanda ISBN: 978-1-63731-454-8 Tapa dura ISBN: 978-1-63731-455-5

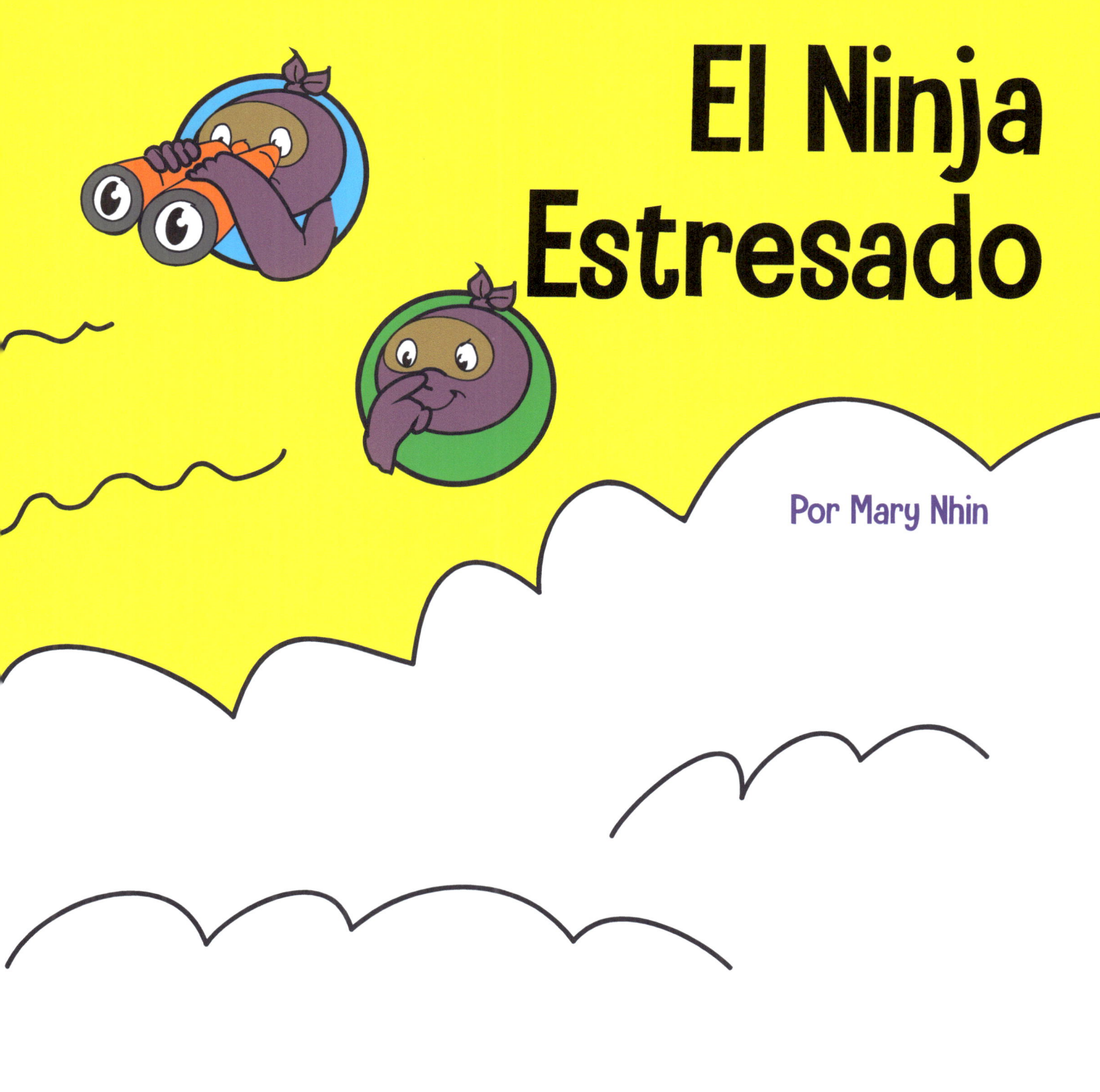

He dominado el arte de la relajación. Cuando ocurren eventos estresantes, no me lleno de preocupación o ansiedad.

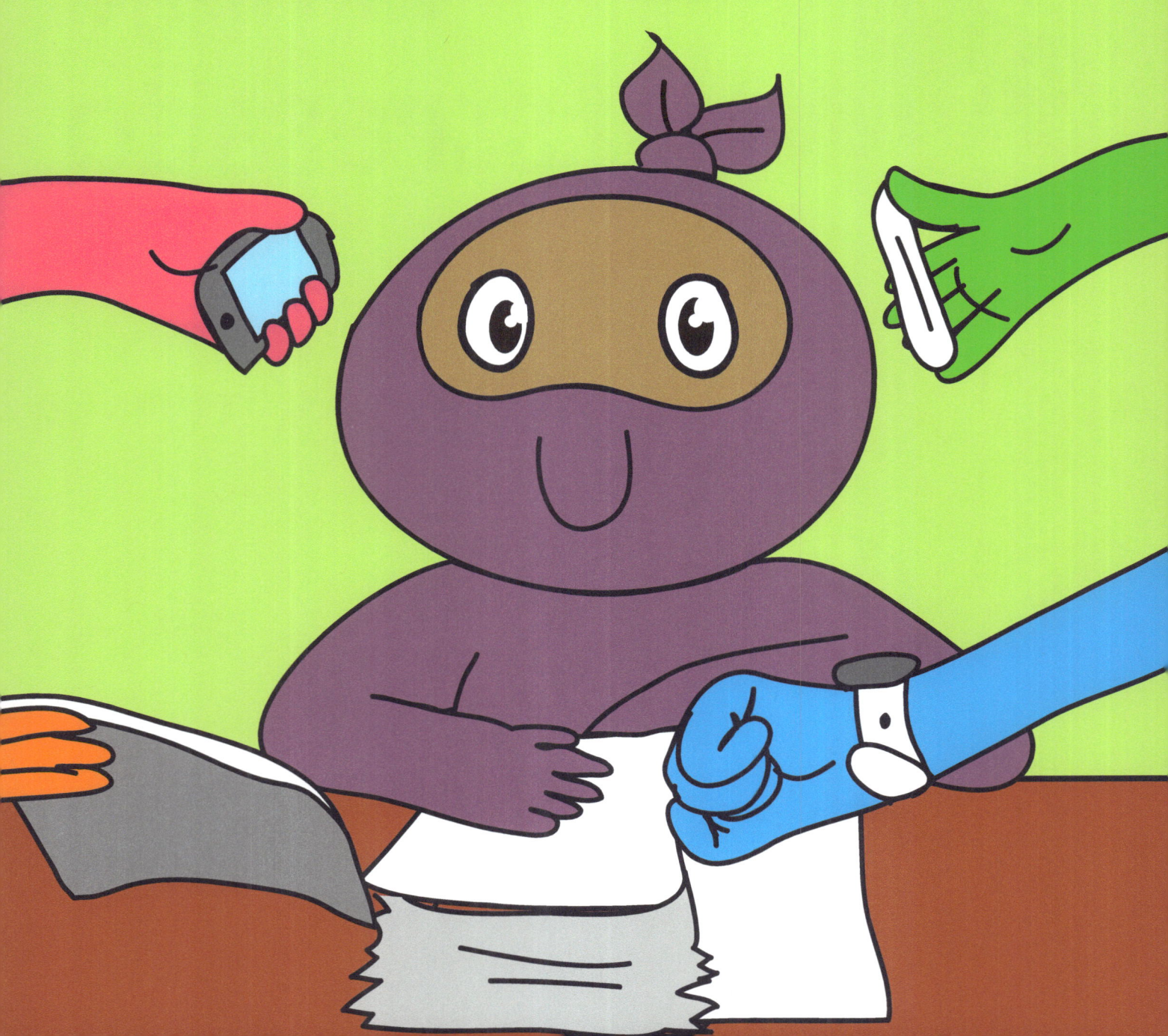

He aprendido a mantener la calma bajo las situaciones más estresantes.

No siempre he entendido cómo relajarme y mantenerme libre de estrés.

De hecho, mis reacciones causarían que otros no quisieran estar cerca de mí.

No sabía cómo lidiar con mi estrés y la pérdida de control que sentía.

Por ejemplo, me sentía ansioso al comenzar en un nuevo equipo deportivo.

Cuando me enteré de que mi familia se estaba mudando, lloré por la incertidumbre.

Si hubiera muchas cosas en mi agenda para la semana, me preocuparía y me inquietaría por coordinar todo.

El estrés era real en mi vida. A menudo desarrollaba una erupción y úlceras febriles por el estrés que sentía.

Hasta que un día, la Ninja Esperanzada me presentó un concepto muy simple pero poderoso.

¿Sientes estrés a veces, también? ¿Te gustaría saber cómo puedo calmar mi estrés?

Me gusta usar el concepto 5-4-3-2-1 cuando me siento estresada.

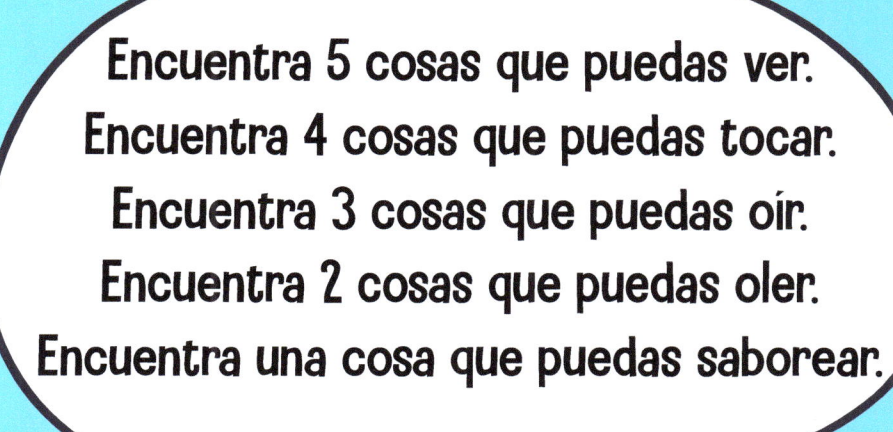

El concepto 5-4-3-2-1 requiere usar tus 5 sentidos:

Encuentra 5 cosas que puedas ver.
Encuentra 4 cosas que puedas tocar.
Encuentra 3 cosas que puedas oír.
Encuentra 2 cosas que puedas oler.
Encuentra una cosa que puedas saborear.

Por ejemplo, se podría decir que *veo el sol. Veo el árbol. Veo las flores. Veo las hormigas. Veo la ramita.*

Presta atención a tu cuerpo y piensa en cuatro cosas que puedas sentir y dilas en voz alta.

Por ejemplo, se podría decir que *siento mis pies en la hierba. Siento mi mano en el árbol. Siento mis dedos en la flor. Y siento la ramita.*

Si se te permite, está bien moverte a otro lugar y oler algo. Si no puedes oler nada en este momento o no puedes moverte, entonces nombra tus dos olores favoritos.

2 - Oler

Di una cosa que puedas saborear. Puede ser la pasta de dientes o un dulce de menta después del almuerzo. Si no puedes saborear nada, entonces di tu sabor favorito en voz alta.

Tenía mis dudas. No pensé que algo tan simple pudiera ayudarme, pero decidí intentarlo.

Cuando llegó el lunes, mi semana estaba repleta de eventos y un apretado programa de clases y práctica. Podía sentir que mi ansiedad y estrés aumentaban.

Pero entonces, recordé que había algo que podía hacer al respecto. Empecé a buscar cinco cosas para ver, cuatro cosas para tocar, tres sonidos, dos cosas para oler y una cosa para saborear.

En el momento en que llegué a decir las tres cosas para escuchar, había olvidado por qué estaba tan estresado. Terminé el concepto 5-4-3-2-1, de todos modos.

No podía creerlo. ¡Funcionó!

¡Me sentí tan tranquilo y relajado, que incluso hice algo de yoga!

Pero luego recordé el concepto 5-4-3-2-1.

¡Y al igual que el día anterior, la estrategia funcionó de nuevo!

En lugar de centrarme en cosas que no podía controlar, me centré en las cosas que podía controlar. ¡Y eso hizo toda la diferencia!

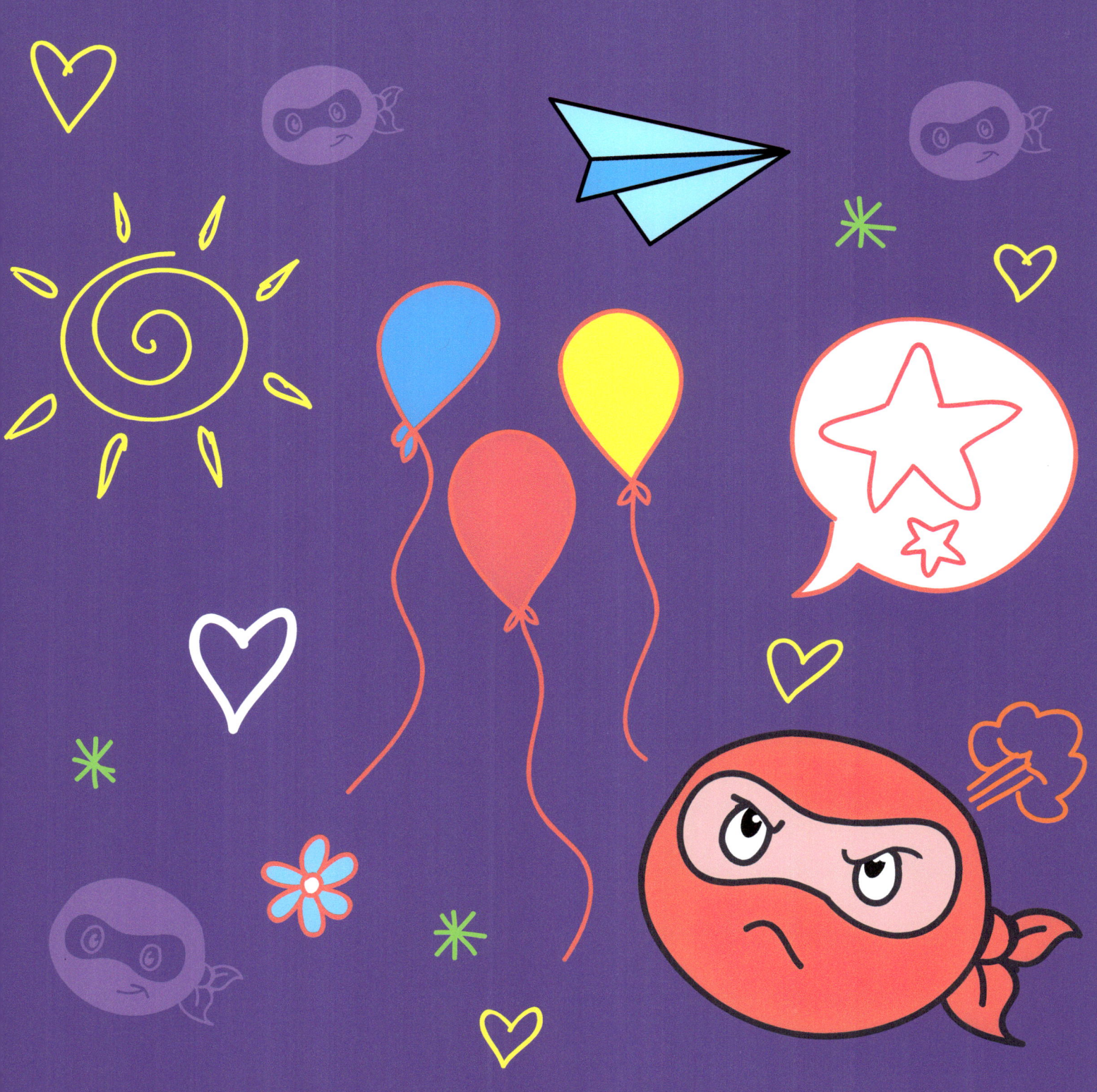

www.ingramcontent.com/pod-product-compliance
Lightning Source LLC
Chambersburg PA
CBHW041104070526
44583CB00002B/50